ÉLOGE

DE

LOUIS XVI,

ROI DE FRANCE ET DE NAVARRE;

Par M. WORBE (de Dreux),

Avocat, docteur en médecine, ancien chirurgien des camps
et armées du Roi, ancien professeur de physique et de
chimie à l'école centrale du département de la Loire, et
médecin de l'hôpital de Roanne, membre correspondant
de la société de la faculté de médecine de Paris, des sociétés médicale, d'émulation et galvanique de la même
ville, de la société de médecine du département de l'Eure,
des sociétés des amis des arts de Lille et de Douai, des
sociétés d'émulation de Poitiers et de Rouen, etc.

Jubes renovare dolorem. Virg.

PARIS.

Alexis EYMERY, Libraire, rue Mazarine, n° 30.
DELAUNAY, Libraire, Palais-Royal, galerie de bois.

1816.

IMPRIMERIE DE J.-B. IMBERT.

AVIS

AU LECTEUR.

J'ai composé cet éloge, en 1814, à l'occasion du prix proposé par l'académie des sciences, inscriptions et belles-lettres de Toulouse. Cette compagnie n'ayant point décerné la couronne, j'ai fait hommage de ce discours à l'académie des sciences, belles-lettres et arts de Rouen. J'avais le dessein de refaire cet ouvrage et de le présenter au nouveau concours ouvert par l'académie de Toulouse. Les persécutions que j'ai endurées et que j'étais loin de prévoir m'ont empêché d'accomplir mon projet.

Sans avoir été prisonnier à Alger, j'ai senti que les renégats étaient les plus bar-

iv

bares des maîtres. C'est plutôt mon apologie que je mets au jour qu'un panégyrique de Louis XVI. Je sais combien mon œuvre est imparfaite. Quoi qu'il en soit, on concevra difficilement que l'homme qui, en 1814, écrivait l'éloge de Louis XVI, soit devenu, en 1815, et sans aucun motif, le détracteur insolent, l'ennemi déclaré de son successeur et de son auguste famille.

WORBE.

ÉLOGE

DE

LOUIS XVI,

ROI DE FRANCE ET DE NAVARRE.

C'est la destinée des Rois d'être, durant leur vie, l'objet de l'attention, des hommages et des respects de la terre. Le bien qui se fait sous leur règne, semble découler de leur volonté. Tout ce qui brille n'est qu'un reflet de leur gloire. Le talent, le génie même des sujets honorent moins la nation qu'ils ne servent à la renommée du Prince. Mais lorsque le Souverain a subi le sort commun des hommes, la postérité ne tarde pas à remuer ses cendres; et si sa vie ne peut soutenir la terrible épreuve de sa mort, bientôt un historien implacable efface l'épitaphe mensongère qui couvre sa tombe fastueuse, et de tant de grandeurs, il ne reste plus que la vile poussière d'une idole abattue.

Qu'un Monarque au contraire, digne des

éloges dont il a tant de fois goûté les délices,
soit enlevé à l'amour de son peuple, à la véné-
ration de ses alliés et à l'estime de ses voisins ;
on oublie ses faiblesses, pour ne s'entretenir
que de ses vertus. Ses armes victorieuses ont-
elles conquis des provinces, plutôt pour assurer leur félicité que pour agrandir sa domina-
tion ? a-t-il protégé les sciences, encouragé les
arts, fait fleurir l'agriculture et prospérer le
commerce ? a-t-on vu, sous son heureux empire, s'élever des monumens plus utiles encore
qu'admirables ? alors, c'est dans lui que sa
nation aime à contempler, à fixer sa gloire :
son nom servira d'époque aux âges futurs.
Ainsi, le règne de Louis XIV rappellera sans
cesse un des siècles les plus féconds en prodiges.

Un Prince vertueux est-il descendu au tom-
beau ? la consternation de ses sujets, leur
deuil, leurs larmes, voilà les prémices de son
immortalité. Tandis que l'histoire recueille les
actions qui l'ont rendu cher au monde, et en
attendant qu'elle marque la place qu'il doit
pour toujours occuper dans les fastes de l'u-
nivers, les arts s'empressent de consacrer sa
mémoire ; le pinceau, le ciseau, le burin
multiplient son image ; on retrouve le Monarque adoré, et dans les palais du riche, et dans
les chaumières du pauvre ; l'enthousiasme gé-

néral est le foyer où poëtes et orateurs allument le flambeau de leur génie : enfin des œuvres immortelles, comme le Prince qu'elles célèbrent, traversent majestueusement l'espace des siècles et bravent l'injure des temps.

Pour mériter l'amour des peuples et les louanges de la postérité, faut-il donc avoir vécu dans les camps, s'être fatigué sur des champs de bataille, et ne s'être reposé que sur des chars de triomphe? Sont-ils nécessaires au bonheur des citoyens, ces superbes édifices qui, le plus souvent, n'attestent que la vanité de ceux qui les ont fait construire? Ah! si les contemporains et les générations futures doivent honorer la mémoire d'un Roi, c'est lorsqu'assis sur le plus élevé des trônes, ce Souverain n'a usé du pouvoir absolu que pour rendre son peuple de jour en jour plus heureux; qu'il n'a voulu gouverner que par la clémence; que ses lois sont autant de monumens d'une bonté vraiment paternelle; que de simples privations, supportées par quelques sujets malheureux, ont été regardées par lui comme ses propres besoins et les plus pressans qu'il dût satisfaire.

Quel homme sera digne des respects de la terre, si ce n'est celui qui, précipité du faîte de la toute-puissance, soit qu'il ait eu à combattre les ennemis les plus acharnés, soit qu'il ait eu à se défendre contre des accusations aussi perfides qu'injustes, a conservé, dans sa chute, la noblesse de son caractère et la dignité de son rang ?

La famille du genre humain ne versera jamais de pleurs, si elle n'en arrose point la tombe du meilleur des pères ; d'un père qui, avec une constance plus qu'héroïque, a enduré des tourmens inouis, a souffert les maux les plus cruels, et qui, prêt à voir trancher par le fer des bourreaux ses jours pleins de grandeur et de bienfaisance, faisait des vœux pour le bonheur de ses enfans ingrats et dénaturés.

Si condamné, dans Athènes, à boire la ciguë, Socrate a non-seulement imprimé sur le front des infâmes délateurs et des juges iniques, le sceau d'une honte éternelle, mais encore est devenu l'objet d'un culte érigé à la sagesse succombant sous la calomnie ; ou, pour me rapprocher de la majesté du trône, si juridiquement assassiné dans Sparte, le roi Agis est, depuis vingt siècles, offert à l'admiration du monde, comme un modèle de piété, de clémence, de bonté et d'infortune ; quels honneurs ne doivent pas espérer et obtenir les mânes de Louis seizième du nom, Roi de France et de Navarre ?

Chaste fille du ciel ! auguste vérité ! éloigne de moi ces faux ornemens, ces mensonges, ressource commune aux panégyristes. Si j'ose parler de Louis, je crois qu'il m'entend : je ne dirai donc rien qui ne puisse être avoué par le présent, et qui ne soit digne d'être recueilli pour l'avenir.

Les vœux de la France étaient exaucés ; elle n'avait plus à craindre l'extinction de la race, antique source de sa félicité pendant huit siècles. L'aîné des petits-fils du Roi bien-aimé, faisait refleurir la tige des lis, lorsque naquit Louis-Auguste, duc de Berri (1). Chère patrie ! le ciel n'avait pas assez fait pour nous. Deux princes, notre espoir et notre consolation, devaient encore naître du sein fécond de l'auguste épouse du fils de Louis XV.

Rappellerai-je que la naissance de Louis fut accompagnée des plus sinistres présages ? dirai-je que les principales époques de sa vie ont été marquées par des circonstances bizarres et par des événemens affreux ? et faudra-t-il en conclure, avec le vulgaire, que par une fatalité attachée à son existence, son règne devait être nécessairement malheureux ? Loin

***

(1) Le 23 août 1754.

de nous des préjugés que repousse la raison (1).

Les orateurs appelés à louer les Princes, peuvent rarement envisager leur objet tout entier. Ceux qui oseraient entreprendre l'apologie des Tibère et des Louis XI seraient contraints de nous cacher les vieux tyrans, pour ne nous montrer que de jeunes héros; ceux mêmes qui s'honorent en célébrant les Titus et les Louis XII, déchirent quelques pages de l'histoire, et se hâtent d'oublier les fautes des sujets, pour admirer les vertus des Souverains. Les panégyristes de Louis XVI ne sont pas forcés de recourir à ces ménagemens toujours pénibles à des âmes sincères. Ils peuvent présenter ce Monarque dans tous les instans de sa vie; chacune de ses actions est un fleuron de sa couronne immortelle.

Déjà Louis est à l'âge où les enfans des Rois

----

(1) Il ne faut voir dans la mort subite du courrier qui apporta la nouvelle de l'accouchement de la Dauphine, qu'un accident ordinaire et sans aucune influence sur l'avenir. On peut en dire autant de la couronne qui tomba de la tête de Louis XVI, le jour de son sacre, de ce qu'il n'y avait plus de place dans le caveau de Saint-Denis où étaient placés les corps des Princes de la branche régnante, et de plusieurs autres bizarreries remarquées après coup, et qui ne peuvent servir qu'aux tireurs d'horoscope.

font la matière de l'étude des grands et fixent l'attention du peuple. Cependant Louis n'a pas encore reçu les hommages des courtisans; il n'a pas encore entendu les acclamations de la multitude. Mais, comme la tendresse de ses augustes parens sait réparer l'injustice qui insulte à son enfance! Que ceux qui refusent à Louis la profonde sensibilité dont il était doué, expliquent ce reproche jeté au milieu d'une cour dédaigneuse, quand, pressé de nommer la personne qu'il aimait le mieux, ce jeune Prince s'écria : *Eh ! qui aimerais-je ici, où personne ne m'aime ?*

Louis sera-t-il long-temps exposé aux dédains de la cour? les provinces s'apercevront-elles enfin que le duc de Berri est fils du Dauphin de France? quel événement reportera sur cet Enfant royal les respects publics? Tout-à-coup le duc de Bourgogne est enlevé à l'amour des Français : les courtisans se rapprochent de Louis, parce qu'il est rapproché du trône ; le peuple aussi va enfin s'occuper du Prince que les lois de la monarchie et l'ordre de la nature ont désigné pour être un jour son Roi.

Si les Rois inappliqués font constamment le malheur de leurs sujets, quelles espérances dut donner à la Nation française le duc de Berri, par son zèle à s'instruire, son goût pour l'é-

tude et sa docilité envers ses instituteurs !
Avec ces dispositions, Louis ne pouvait manquer de faire de grands progrès. Son innocente
ambition était de surpasser le Dauphin, son
auguste maître. *Ah ! que je serais heureux
de savoir quelque chose que mon père ne
sût point !* Cet élan annonçait-il un Prince in-
différent pour la gloire ?

A cette époque où la France était si floris-
sante, à cette époque où elle touchait aux
temps les plus malheureux, on répandait
qu'une grande réforme était nécessaire dans
l'Etat. Une secte de novateurs attaquait sour-
dement la monarchie jusques dans son essence.
Le Dauphin était en butte aux traits de la plus
insigne méchanceté : on empoisonnait ses actions les plus pures ; on couvrait de ridicule ce
qu'il y avait de plus louable dans sa conduite ;
en un mot, on avait épuisé, sur sa personne,
le venin de la plus noire calomnie.

Le père de Louis XVI ne devait point régner ; il meurt sur le premier degré du trône
où son fils ne peut tarder de s'asseoir. Alors les
vertus du prince qui vient de mourir brillent de
tout leur éclat. La France est profondément
affligée de la perte qu'elle a faite ; un deuil général exprime ses douloureux sentimens. Tels
les Romains pleurèrent autrefois Germanicus.

Français, peuple généreux! c'est en vain que des méchans font tous leurs efforts pour effacer de vos cœurs l'amour que vous avez pour les fils de vos Rois. Cet amour sera toujours vif et pur ; il éclatera toujours ; c'est en vain qu'on voudra le comprimer.

Le duc de Berri sentit le grand changement qui venait de s'opérer en sa faveur. Il n'est plus ce prince négligé par les grands et le peuple : déjà il est salué du titre, présage de la suprême puissance : à son entrée dans le palais des Rois, son oreille a été frappée des cris de *vive le Dauphin !*

Ces acclamations vont-elles faire naître l'orgueil chez un prince âgé de onze ans? Oubliera-t-il, au milieu du faste qui l'entoure, que c'est à la mort de son père qu'il est redevable de tant de grandeurs? Ah! soupçonner ces sentimens dans l'âme de Louis, serait le comble de l'injure. Le nouveau Dauphin s'est à peine entendu nommer, que tout son corps a tremblé, qu'il a perdu l'usage de ses sens, et qu'il ne l'a recouvré que pour laisser couler des larmes d'amour, de respect et de reconnaissance (1).

Combien les destinées de Louis ont été différentes dans les premières années de son exis-

------

(1) Historique.

tence! Eloigné du trône, il en est tout-à-coup rapproché; d'un oubli affligeant, il passe à des assiduités fatigantes; autant on l'abandonnait, autant on l'obsède de soins et d'égards. On affectait de ne pas le remarquer, maintenant on l'importune de questions. Quel nom prendra Votre Altesse Royale, quand elle portera la couronne? *Je m'appellerai le Sévère*, répond Louis (1). Ah! trop jeune encore, il ne se connaissait point assez pour sentir qu'une extrême bonté faisait, pour ainsi dire, tout son être; trop jeune encore, il ne savait pas que cette vertu, portée au plus haut point, ne peut s'allier avec la sévérité.

Les hommages dirigés par le cérémonial des cours, les respects arrachés à la fierté des grands, les acclamations commandées à la curiosité du peuple, sont toujours éphémères; ce n'est que par de solides vertus que les princes parviennent à obtenir d'impérissables honneurs.

Louis ne cherchait qu'à ressembler à son auguste père; il ne se livrait pas à des courtisans qu'il avait appris à mépriser. Son âme vraie ne pouvait supporter la flatterie; il fuyait les plaisirs dangereux dont on voulait l'enivrer. Serviles adulateurs, orgueilleux fainéans,

----

(1) Historique.

vous me demandez ce que faisait ce jeune prince au milieu d'une cour brillante et voluptueuse? comment il pouvait sortir du tourbillon dans lequel sa naissance et son rang l'avaient enveloppé? Je vais vous répondre. Louis remplissait exactement les devoirs de notre sainte religion ; il portait assidûment, dans son auguste famille, les sentimens d'amour et de respect dont il était pénétré pour elle. L'étude de la science de régner l'occupait sans relâche ; il s'appliquait aux lettres, il cultivait les arts, il ne délassait son esprit qu'en fatiguant son corps (1). Détracteurs du meilleur des Rois ! par quelle étrange contradiction blâmez-vous les amusemens du Dauphin, lorsque vous applaudissez sur la scène Pierre-le-Grand déguisé en charpentier? Comment, parce que Louis, appelé à régner sur un peuple policé, instruit, inventif, laborieux, n'a pas besoin de courir de royaume en royaume, de chantier en chantier, pour apprendre ce qu'il désire savoir, on lui en fera presque un crime ! On admira dans le Czar de Russie ce qu'on méprise dans le Dauphin de France ! La postérité pèse les Rois dans la

----

(1) Louis XVI aimait mieux façonner un morceau de bois et forger une barre de fer, que de briller dans un bal ou dans un spectacle.

même balance : elle a déjà proclamé honora-
blement les travaux du Czar Pierre Ier. ; elle
prononcera de même en faveur des exercices du
Roi Louis XVI.

Rien ne doit être étranger à un Monarque.
Les choses les plus viles en apparence sont im-
portantes dans leurs résultats. Louis sent cette
vérité. Il n'aperçoit pas une charrue sans courir l'examiner ; il veut la connaître dans tous
ses détails. La franche conversation du labou-
reur l'intéresse plus que les discours mesurés
des grands qui se pressent autour de lui.

Croira-t-on maintenant qu'un prince, dont
les royales mains ont ennobli ces arts que la
hauteur et la paresse des riches leur font
regarder comme indignes d'eux ; croira-t-on,
dis-je, que ce prince emporté par la passion
de la chasse, ira ravager les campagnes, fou-
ler les moissons, et détruire, en un instant,
l'espérance du paisible cultivateur ? Non, sans
doute. En vain les cors font retentir la forêt
et la plaine ; en vain les cris des valets an-
noncent que l'animal, prêt à succomber de
fatigue, n'attend que le coup mortel pour
expirer noblement : Louis ne traversera pas le
champ qu'un autre a ensemencé (1).

____

(1) Historique.

De nouveaux devoirs vont assujettir Louis. Il s'allie à la famille des Césars.

Les flambeaux de l'hyménée avaient été allumés sous les auspices les plus favorables; la nation était enivrée de la félicité de ses souverains; la capitale exprimait les vœux de la France entière; quand tout-à-coup le théâtre de la joie publique devint celui de la désolation, de la douleur et de la mort. Ah! c'est dans ce même lieu que le sang des Rois.... Mais n'anticipons pas sur l'avenir; il n'arrivera que trop tôt le moment où j'aurai à déchirer les âmes de cet affeux souvenir.

Quittons la cour et ses fêtes ensanglantées; pénétrons dans les réduits les plus obscurs; approchons des victimes de ce jour qu'il n'appartient qu'à l'histoire de faire connaître dans toute son horreur, et nous verrons le meilleur des Princes distribuant de ses mains généreuses l'or destiné à ses innocens plaisirs. Le Dauphin ajoute encore à ses bienfaits, par la bonté qu'il met à les répandre lui-même, et par les consolations qu'il donne aux malheureux jusques sur leur lit de douleur.

Un événement aussi cruel était-il nécessaire pour faire éclater la sensibilité de Louis? S'il en était ainsi, Louis n'aurait eu d'autre mérite que de partager avec les Français l'huma-

2

nité qui les distingue parmi tous les peuples de la terre. Mais quand on sait qu'habituellement ce Prince, se dérobant aux grandeurs, quittait ses palais pour visiter des lieux habités par la misère; qu'il s'y présentait comme un ange consolateur, et qu'il n'en sortait point sans laisser après lui des traces de l'apparition d'une divinité tutélaire (1), qui sera assez aveugle ou bien assez injuste pour ne pas voir dans Louis le cœur le plus bienfaisant que la Providence ait jamais consacré au bonheur des hommes?

Ce n'est pas assez pour Louis que de protéger les malheureux qui l'entourent; découvrir les infortunés qui l'environnent serait trop peu pour une âme dont la bonté embrasse tout l'univers. Louis ne croit point s'abaisser en traitant avec le chef d'une misérable peuplade de Nègres. L'humanité seule a parlé, et des Français gémissant dans le plus dur et le plus humiliant esclavage voient briser leurs fers, reviennent dans leur belle patrie exprimer à leur libérateur les sentimens d'une gratitude éternelle, et apportent à ses pieds les respects mêmes des barbares Africains étonnés de ses vertus presque divines. (2)

---

(1) Historique.	(2) Historique.

La mort, qui semblait s'être fait un jeu d'interrompre l'ordre des générations dans la famille régnante, suit enfin la loi commune; elle vient de frapper le chef suprême des descendans de Henri IV : Louis XV n'est plus... Mais bientôt le principe fondamental de la monarchie est proclamé. Bientôt est donné le signal de la résurrection ; de la Sambre aux Pyrénées, des Alpes à l'Océan, la France a retenti des cris de *vive le Roi!*... Louis XVI a saisi le sceptre de Clovis.

Avant que d'être Roi, Louis est homme : ses larmes, juste tribut de piété filiale, mouillent la tombe de son aïeul. Le jeune Roi est sincèrement affligé de porter sitôt sa couronne, et dans la candeur de son âme, il s'écrie : *O mon Dieu! mon Dieu! secourez mon insuffisance!* (1)

Louis avait à porter un fardeau bien pesant, et le premier, le plus nécessaire des moyens pour le soutenir, lui manquait absolument. Que peut un Roi sans finances? Les ressources de la France paraissaient épuisées. On ne voyait pas de possibilité à payer les dettes du royaume. Les citoyens, dont toute la fortune reposait dans le trésor public, redoutaient une

____

(1) Historique.

2*

ruine prochaine. Comment Louis relevera-t-il le crédit? Comment ranimera-t-il la confiance? Sans doute en créant de nouveaux impôts il va tranquilliser les créanciers de l'Etat. Cependant aucun impôt n'est établi; au contraire, Louis est libéral au point de faire la remise du vieux tribut connu sous le nom de *joyeux avènement*. Débiteur inattaquable, le Roi n'abusera pas de son autorité pour diminuer les capitaux ni pour en réduire les intérêts; loin de là il rassure ceux qui peuvent craindre, en ratifiant les engagemens contractés par ses prédécesseurs, et solennellement il promet d'accomplir les obligations de ses pères. Qu'il est doux de répéter ces paroles royales et paternelles! *Aucun sacrifice ne me coûtera dès qu'il pourra tourner au soulagement du peuple* (1).

Mais pour travailler efficacement au bonheur des Français, que doit faire Louis? rappeler des magistrats honorés, dans leur exil, des respects et des regrets de la nation; s'aider de ministres instruits et vertueux : telle est l'opinion générale, et c'est ce que le jeune Roi se hâte d'exécuter. Les anciens parlemens sont rétablis; le conseil d'Etat est composé

____

(1) Historique.

d'hommes désignés par la France entière. Qu'il était digne d'être entouré de magistrats intègres, de trouver des ministres fidèles, celui qui écrivait à l'un de ses sujets : *Venez le plutôt possible voir votre Roi et votre ami* (1). Quel Monarque a plus cruellement été trompé que Louis XVI !

Cependant les intentions bienfaisantes du Roi ne restent pas sans effet. Bien différent des princes pour qui les capitales sont tout leur empire, il s'intéressait particulièrement au sort des habitans des campagnes. Un grand nombre de familles jadis proscrites rentrent au sein de la patrie ; sous le règne de Louis, la tolérance n'est pas un vain mot ; il abolit dans ses domaines toute espèce de servitude ; il dispense les citoyens d'une garantie réciproque qui, dans le paiement des impôts, était toujours à l'avantage des vagabonds ou des paresseux, et au détriment des sédentaires et laborieux cultivateurs. De son autorité royale il supprime ces travaux communs (2), odieux dans leurs prin-

----

(1) Historique : c'est à M. de Malesherbes que Louis XVI écrivait ainsi. Pourquoi tous les ministres de Louis n'ont-ils pas eu les vertus de celui que le Monarque appelait son ami, titre qu'il mérita si glorieusement ?

(2) La solidarité des impôts, les corvées.

cipes , humilians dans leur exécution , et dont
le résultat était presque tout entier au profit
de celui qui les commandait. Louis rend à l'a-
griculture des terrains depuis long-temps sub-
mergés ; il fait construire des routes, creuser
des canaux, et il ordonne la libre circulation
des grains : désormais la subsistance du peuple ne rencontrera plus d'obstacles ; on ne verra
plus une province souffrir la plus affreuse disette, tandis que la voisine se plaindra de son
trop d'abondance. (1)

Quel prix le meilleur des Rois retire-t-il de
tant de soins, de tant de bienfaits ? Helas ! il
faut le dire , il n'éprouve que la plus noire ingratitude ; une révolte naît précisément de ce
qu'il a fait pour le bonheur de la nation. La
famine est le prétexte qui rassemble les séditieux ; ils osent assiéger le palais des Rois. Mais
cette émeute populaire est promptement dis-
sipée ; un petit nombre de coupables expient le
crime de leur rebellion ; les autres doivent la
vie et la liberté à la clémence infinie du Monarque (2). Faut-il croire que cette sédition
n'était qu'un essai de ce que peut la multitude
abusée par la perfidie, animée par la ven-

---

(1) Tout historique.
(2) La guerre au pain. (Historique.)

geance, et excitée par la férocité? Pourquoi ne pas penser ainsi, lorsqu'ouvertement uu parti conspire pour corrompre l'esprit public; lorsqu'on sent que pour enlever au Roi ce qui le touche le plus, l'amour de ses peuples, on exige des impôts dont il les avait affranchis (1)?

Néanmoins rien ne peut altérer la bonté de Louis : il oppose la sincérité à la mauvaise foi, la bienfaisance à la haine; au lieu de punir rigoureusement ceux qui l'ont trahi, il leur permet une retraite honorable; bien loin de s'irriter contre ceux qui l'ont mal servi, il les comble de biens. Roi généreux et magnanime, un seul instant le cœur des hommes a-t-il pu vous être fermé?

Le pain est la principale, je pourrais dire la seule nourriture du pauvre, trop heureux encore quand il peut s'en procurer assez pour apaiser sa faim. Louis sait que cet aliment peut être perfectionné, que de la manière de pétrir et de faire fermenter cette pâte nourricière, dépend son salutaire ou pernicieux usage : aussitôt une école gratuite est instituée; des ouvriers s'y rendent de toutes parts; la capitale et les provinces recueillent les fruits de cette paternelle institution (2).

---

(1) Historique.
(2) L'École de Boulangerie.

C'est encore par les soins de Louis qu'il a été achevé, ce magnifique gymnase (1) consacré à l'enseignement de la science dont Hippocrate est le père. Les Romains se pressaient dans leurs amphithéâtres (2) pour jouir de l'odieux spectacle du meurtre de quelques gladiateurs; dans celui que Louis a ouvert, une jeunesse studieuse ne vient s'asseoir que pour entendre les leçons des maîtres les plus fameux dans l'art dangereux et difficile de guérir les hommes.

Grâces soient rendues aux Rois qui veillent à la subsistance et à la santé de leurs sujets; mais la reconnaissance peut-elle avoir des bornes, quand le Monarque fait lui-même la distribution de ses largesses? Il en existe encore (tous n'ont pas payé le dernier tribut à la nature); il en existe encore de ces infortunés que Louis a secourus pendant un long et rigoureux hiver : c'est à eux à nous redire comment Louis allégeait leurs souffrances, comment il finissait leurs maux, comment, au plus sombre désespoir, il faisait succéder le calme et la joie; comment les plus cruelles privations s'oubliaient

---

(1) L'Ecole de Médecine de Paris.

(2) On a gravé sur les murs du grand amphithéâtre de l'Ecole de Médecine de Paris, ce distique :

Ad cœdes hominum prisca amphitheatra patebant,
Ut longùm discant vivere nostra patent.

tout-à-coup dans une sorte d'abondance inat-
tendue.

Quels rapprochemens feraient naître aujour-
d'hui ceux qui diraient que Louis les a ré-
chauffés dans son sein, et nourris de ses propres
mains! Helas! il n'a duré que peu de jours,
l'obélisque de neige (1) érigé par les indigens
que Louis avait arrachés à la misère, à la mort;
mais leur reconnaissance a dû être éternelle; et
cependant neuf ans après, à pareil jour, quel
autel est dressé, quelle victime est immolée!

Vous ne serez point oubliés par le plus sensible des Monarques, malheureux qu'on a privés de la liberté : vos gémissemens ont percé
les voûtes sous lesquelles vous êtes entassés; ils
ont retenti jusque dans l'âme de Louis; votre
Roi ne sera point sourd à la voix de l'humanité; bientôt ils seront comblés, les tombeaux
où vous avez été enterrés tout vivans; bientôt
vous sortirez de ces cachots infects dans lesquels

––––––––––

(1) Le 21 janvier 1784, les malheureux que secou-
rait Louis XVI érigèrent au Louvre un immense obélisque de neige, où ils attachèrent ces vers, expression de leurs sentimens :

> Louis, les indigens que ta bonté protége,
> Ne peuvent t'élever qu'un monument de neige;
> Mais il plaît davantage à ton cœur généreux
> Que le marbre payé du pain des malheureux....　(Hist.)

vous avez été jetés ; bientôt vous irez habiter des maisons spacieuses et salubres ; et puisqu'une prison doit vous contenir, du moins vous pourrez patiemment attendre la justice des hommes, la clémence du Roi ou la miséricorde de Dieu. Désormais vous ne serez plus arrachés arbitrairement du sein de vos familles; on ne vous interrogera plus au milieu des tourmens; vous n'avez point à redouter de supplices si vous n'êtes pas criminels (1).

Mais Louis ne rendra-t-il son règne recommandable que par des actes de bienfaisance? les connaissances humaines attireront-elles son attention? en sent-il assez l'importance pour s'intéresser à leur avancement? Ah ! répondez, jeunes gens qu'il a encouragés, artistes qu'il a protégés, savans qu'il a honorés, et dites-nous quel prince mérita mieux que Louis le nom de protecteur des sciences, des lettres et des arts? Que ne puis-je ramener aujourd'hui ce fameux navigateur (2) dont la France a vainement espéré le retour ! il nous dirait quelle fut son admiration quand son Roi lui traçait

---

(1) Démolition des prisons du Châtelet, du Fort-l'Evêque, abolition des lettres de cachet, de la question préparatoire.

(2) Lapeyrouse.

la route qu'il avait à suivre, lui montrait les écueils qu'il devait éviter, et lui ouvrait les ports dans lesquels il pouvait entrer.

Jamais Monarque a-t-il mis plus de noblesse et d'affabilité que Louis à récompenser les services, à répandre ses faveurs? C'est sur le vaisseau même, instrument et théâtre de son mérite et de sa bravoure, qu'un officier reçoit d'une main royale l'honorable prix de la vertu guerrière. Louis veut apprendre à un lieutenant sa promotion au grade de capitaine. « Vous êtes inconstant, Monsieur, lui dit-il ; » je sais que vous êtes infidèle à votre frégate, » car il est certain que vous la quittez pour un » vaisseau de ligne. » (1) Etait-il incivil, brusque et dur, le prince qui annonçait ainsi ses grâces?

Ce n'est pas seulement par des honneurs et des récompenses que Louis inspire aux marins ce zèle et cet enthousiasme si nécessaires à ceux qui consacrent leur vie à la plus pénible et la plus périlleuse des professions; il sait les attacher à leurs devoirs, en leur faisant connaître qu'il est en état de juger lui-même de leur instruction, de leurs exploits. Tous ceux qui l'entourent sont étonnés de le voir si versé dans la navigation; et les matelots, surpris

______

(1) Historique.

d'entendre leur Roi appeler de son nom chaque partie du vaisseau, chaque manœuvre, chaque signal, se disent l'un à l'autre : *s'il se fût trouvé au combat d'Ouessant, il eût aussi bien commandé que d'Orvilliers* (1).

Cependant elle était perdue pour la France, cette supériorité qui naît de la considération que donne d'un pôle à l'autre une marine respectable. La nôtre était presque anéantie, les chantiers étaient dépeuplés, les ports étaient déserts : quelques navires marchands, privés de l'appui du pavillon royal, sillonnaient humblement les mers. Mais Louis va rendre à la marine française son antique splendeur; il ressaisira le trident de Neptune.

Tandis que les courtisans murmurent de ce que le Roi ne veut pas s'occuper de leurs plaisirs, de ce qu'il ne prend pas le soin de diriger les spectacles de sa cour, Louis pense à construire des vaisseaux, à creuser des bassins pour les recevoir. Mais cet immense projet restera peut-être long-temps sans exécution: il faudra bien des années pour rassembler les matériaux nécessaires, pour réunir et former des ouvriers propres à ces sortes de constructions. Siècles à venir! vous douterez, quand

____

(1) Historique.

l'histoire vous dira qu'à la voix de Louis XVI, dans l'espace de deux ans, la France a vu naître dans ses chantiers et entrer dans ses ports soixante-sept vaisseaux de ligne, quarante-neuf frégates, huit chebecs, seize corvettes et soixante autres bâtimens.

Ce nombre considérable de voiles ne suffisait pas sans doute pour faire revivre la marine royale ; il fallait encore créer des marins. Louis ne vient d'entrer que dans son cinquième lustre, et cependant Louis a tout prévu ; il sait qu'inutilement on couvre les mers de vaisseaux, si leur défense n'est pas confiée à des hommes versés dans l'art de la navigation. Il n'ignore pas que des flottes mal commandées et mal servies, ne quittent le rivage que pour être la proie d'un vainqueur aussi téméraire qu'habile à manœuvrer quelques navires. Des réglemens conçus par une rare prévoyance, dictés par une profonde sagesse et donnés avec la plus grande bonté, tracent les devoirs, excitent l'émulation, soutiennent le zèle et fixent la récompense due aux services ainsi qu'à la valeur de ces hommes intrépides qui, dévoués au Roi et à la patrie, endurent les fatigues et affrontent les périls inséparables du plus perfide élément.

Marins infatigables, guerriers célèbres, qu'étes-vous devenus ? Si vous avez péri au milieu de vos triomphes, c'est assez, vos destins sont remplis ; mais s'il est vrai que, mus par l'honneur, conduits par le devoir et trompés dans vos espérances, vous ayez quitté une île hospitalière pour revoir vos foyers, et qu'à peine descendus sur le rivage vous ayez trouvé la mort la plus injuste et la plus affreuse ; il faut le vouer à l'exécration de la postérité la plus reculée, le jour où tant de braves, tant de fidèles Français ont été indignement massacrés. Nobles défenseurs de la liberté des mers, avant que le sol qui vous avait vus naître fût arrosé de la dernière goutte de votre sang, loin de ces bords vous en aviez été prodigues (1).

Louis ne devait point renfermer dans les ports qu'il avait créés, les vaisseaux qu'il venait de construire ; en formant des marins, son dessein n'avait pas été de rendre leurs talens inutiles, ni de laisser languir leur valeur dans une honteuse oisiveté. La guerre était allumée ; il était reconnu que l'établissement d'un Etat libre, dans le nord de l'Amérique, pouvait faciliter et assurer les relations commerciales. En soutenant de toutes ses forces une colonie bien déterminée à se séparer de

____

(1) Quiberon.

sa métropole, Louis ne songea, comme l'Europe entière, qu'à l'indépendance des peuples navigateurs. Qu'il est magnanime le Monarque qui, sans l'ambition d'aggrandir son empire, se charge, pour ainsi dire, du bonheur du genre humain, ne fait la guerre que pour obtenir une paix universelle et durable, et ne s'engage dans des expéditions lointaines, que pour procurer à ses sujets des richesses légitimes !

- Tout conspirait pour le succès de cette grande entreprise (1). Des traités avaient été conclus entre les nations intéressées à la faire réussir. Louis s'était ménagé des alliances avec les principales puissances maritimes. Déjà des flottes sorties de l'Océan et de la Méditerranée, fendent et font respecter les mers du Nouveau-Monde ; déjà des bataillons français déploient leurs drapeaux sur l'autre hémisphère, et protègent une république naissante. La fortune se déclare en faveur de ceux que Louis a secondés. Les Anglais acceptent pour ami un peuple qu'ils traitaient naguères en rebelle ; l'olivier de la paix croît et s'étend des bords du Mississipi aux rives de la Seine ; enfin les vainqueurs reviennent dans leur patrie, moins

____

(1) Guerre d'Amérique.

fiers des lauriers dont ils sont couronnés, qu'enthousiastes de la liberté qu'ils viennent de conquérir. Des arcs de triomphe honorent leur marche, des fêtes générales célèbrent leur retour (1).

Ces trophées avaient coûté cher à la France; le trésor public était épuisé, et la dette prodigieusement augmentée. Les ministres qui s'étaient succédé avec une rapidité vraiment alarmante, n'avaient retardé la ruine de l'empire que par des emprunts. Ce moyen, souvent difficile et toujours désastreux, n'était plus praticable. Quelles ressources restent donc à Louis pour combler un abîme épouvantable? Il convoque les membres les plus distingués du clergé, de la noblesse et de la magistrature; il met sous leurs yeux le triste tableau de ses finances. C'était découvrir les plaies, c'était indiquer les besoins de l'Etat. Tel un père, certain de la tendresse de ses enfans, leur dévoile avec confiance ses maux les plus secrets. Pourquoi les grands sont-ils sourds à la voix d'un Monarque qui ne respire que la gloire de son royaume et la félicité de ses sujets? Pourquoi refusent-ils tout à celui qui demande si peu? N'en doutons pas, il

_____

(1) Historique.

grondait déjà l'orage terrible qui devait incen-
dier les quatre parties de la terre.

Dans des circonstances semblables, les Rois,
dont la France lit avec respect les noms dans
ses mémorables annales, avaient eu recours
à la nation elle-même. Pourquoi Louis n'imi-
terait-il pas des prédécesseurs d'aussi glorieuse mémoire? Les Français désirent ardem-
ment revoir ces assemblées autrefois si célèbres. Que peuvent contre le vœu général quelques partisans d'une opinion contraire? D'ail-
lieurs il ne s'agit que du bonheur du peuple.
LE BONHEUR DU PEUPLE! jamais Louis n'a
pu résister à ce talisman... Qu'ils sont coupables ceux qui l'ont employé et fait valoir avec
tant de perfidie!

Ils sont enfin réunis ces Etats-généraux, l'orgueil de la nation et l'espérance du Roi. Qu'im-
porte aujourd'hui les talens et les erreurs des
hommes appelés alors à soutenir le trône, à
fixer la prospérité du royaume? Il suffit, pour
la gloire de Louis, que le bien public l'ait
toujours animé, et c'est une vérité que l'histoire gravera sur des tables d'airain. Il faut pour-
tant l'avouer; une seule fois Louis reçut avec
peine des mandataires du peuple qui sollici-
taient impatiemment une audience; mais c'é-
tait à l'instant même que son fils expirait dans

ses bras. Certes, il n'a jamais joui du bonheur d'embrasser ses enfans, il n'a jamais senti la douleur de les perdre, celui qui reprocherait à Louis XVI de s'être écrié dans ce cruel moment (1) : *Juste ciel ! il n'y a donc pas de père dans cette chambre du tiers !*

L'assemblée nationale, qui ne devait s'occuper qu'à remplir le trésor et corriger des abus, s'empare de toute la puissance. Faut-il qu'elle n'en ait usé que pour détruire ? Je me garderai bien de rappeler les événemens qui ont signalé la plus terrible des révolutions : je ne veux ni provoquer l'indignation, ni réveiller les haines; Louis me le défend. Cependant, pour faire ressortir sa bonté, je devrais le montrer persécuté par les méchans ; pour faire remarquer son sang froid, je devrais le placer au milieu des émeutes populaires; pour faire admirer son intrépidité, je devrais suspendre sur sa tête le fer des assassins ; pour faire adorer sa clémence, je devrais mettre à ses pieds les séditieux désarmés et supplians. Mais non, je ne puis me résoudre à dire que des Français ont égorgé des gardes qui ne résistaient pas; qu'ils ont fait des étendards de leurs têtes livides; et qu'après avoir indignement profané le palais des rois, ils

______

(1) Historique.

sont rentrés dans la capitale , ayant pour enseignes ces horribles trophées. Ah ! détournons nos regards d'aussi hideux tableaux ; ouvrons plutôt nos cœurs aux généreux sentimens qui doivent les pénétrer. Louis oppose le calme de sa grande âme à la fureur d'un peuple menaçant ; il ne permet même pas de légitime résistance. C'est par des paroles de paix , par une modération inouie qu'il empêche que le sang de ses sujets inonde la vaste place de Versailles (1).

Si je ne me suis point appliqué à décrire les fêtes du mariage, à peindre les solennités du sacre de Louis, puis-je retracer les humiliations dont ce monarque fut abreuvé dans le court trajet qu'il avoit à parcourir, pour arriver dans le palais qui, désormais, ne sera pour lui qu'une honorable prison ? Sans doute il m'eût été doux de suivre Louis à Cherbourg, si bientôt après je n'avais pas dû gémir sur son retour de Varennes.

C'est toujours en inspirant à la multitude des craintes sur sa subsistance, qu'on parvient à l'agiter, à l'entraîner aux derniers excès. Paris accusait son Roi d'avoir préparé la disette qui désolait la France. Enfans ingrats , était-ce à vous d'adresser à Louis un pareil reproche ?

____

(1) Journées des 5 et 6 octobre.

Enfin, vous le possédez ce prince autrefois objet sacré de vos hommages et de votre amour. Renaîtront-ils ces jours, jadis si sereins, où les Français faisaient leur bonheur et leur gloire d'aimer les fils de Henri IV? Hélas ! on ne voit que confusion où l'on admirait l'ordre ; la raison a fait place au délire. L'on ne reconnaît plus d'autre pouvoir que la force qui naît de la frénésie. C'en est fait, il est brisé le sceptre qu'ont porté soixante-cinq rois.

La monarchie française, détruite jusques dans ses fondemens, va revivre de ses cendres. Louis vient d'accepter cette Charte depuis si long-temps préparée, depuis si long-temps attendue ; il a ceint son front royal de la nouvelle couronne ; il règnera suivant les lois qu'il a sanctionnées. En vain un ministre fera des efforts pour le convaincre qu'elles ne peuvent être exécutées, et qu'il est impossible, pour parler son langage, de faire marcher la constitution. Louis répondra : *Je l'ai jurée, il faut qu'elle marche* (1).

Mais que peut un monarque à qui l'on n'a laissé ni assez de puissance pour faire le bien, ni assez de force pour empêcher le mal? Sans doute Louis voulait de bonne foi l'ordre de

____

(1) Historique.

chose qu'il s'était engagé de maintenir. En était-il de même des hommes qui, réunis sous le titre imposant d'assemblée législative, ne paraissaient placés si près du nouveau trône que pour le renverser plus facilement ? Sans s'informer si les frontières sont en état de défense, si les places fortes sont approvisionnées, si les officiers sont instruits, si les soldats sont exercés, les représentans de la nation veulent la guerre.... Louis la déclare ; mais grâce à sa prudence, les anciennes légions étaient recomposées, de nouveaux bataillons étaient formés, les citadelles étaient gardées, les arsenaux étaient remplis : tous les moyens de vaincre sont dans les mains de généraux estimés et chéris du peuple et de l'armée (1).

Peut-être tant de sincérité, de prévoyance et de soins, réconcilieront Louis XVI avec ses cruels ennemis ; non...... les envieux du trop foible pouvoir dont il est revêtu, s'empressent de faire éclater leur fureur. Je dois le nommer ce jour où Louis fut plus grand que tous les héros si vantés d'âge en âge. L'intrépidité de César prêt à être englouti dans les flots d'une mer orageuse, est commune à tous nos matelots ; le sang-froid de Charles XII,

____

(1) La guerre de 1792.

alors qu'une bombe éclate à ses pieds , est ordinaire à tous nos soldats : la fermeté que dé-
ploya Louis XVI le 20 juin 1792, est au-
dessus de ce que l'on conçoit de plus sublime.

L'air retentit de cris effroyables ; une immense foule de peuple occupe les avenues,
inonde les portiques et remplit son palais ; il
entend proférer les injures les plus grossiè-
res (1) ; il essuye les humiliations les plus ou-
trageantes ; les pointes de mille dards sont tour-
nées vers sa poitrine , et cependant Louis est
calme au milieu des furieux qui l'insultent et
le menacent ; les battemens de son cœur n'en
sont pas même accélérés (2) ; son impertur-
bable sérénité en impose à la multitude déchaî-
née contre lui. L'objet ou plutôt le prétexte de
ce féroce attroupement est d'arracher au Roi
sa sanction à deux décrets dont il redoute pour

(1) Louis XVI lisant un journal de factieux, s'écria :
« Ce ne sont pas les atrocités que l'on crie contre moi
qui m'affligent ; mais c'est la douleur de voir un peuple qui me fut cher aussi injustement prévenu. »
(Historique.)

(2) Un grenadier de la garde nationale de Paris couvrait de son corps la personne du Roi et lui disait : *Sire,
n'ayez pas peur.* Louis XVI posa sur son cœur la main
du grenadier, et lui dit : *Voyez s'il bat plus vite.*
(Historique.)

son peuple les funestes conséquences; mais Louis est inébranble. Cette horde, dont les lâches et perfides ennemis du bien public ont armé les bras et dirigé la marche, se retire sans avoir rien obtenu, mais non pas sans admirer la fermeté d'un prince qu'elle n'a pu ni fléchir ni épouvanter. O religion! ô vertu! quel courage vous savez inspirer! quel est votre pouvoir, même sur les méchans?

Cette journée si glorieuse pour Louis devait-elle finir par sa mort, ou bien les factieux n'avaient-ils voulu que hasarder dans ce jour la première scène de l'exécrable tragédie dont la catastrophe devait, deux mois après, ensanglanter le Louvre (1)? C'est à l'histoire qu'il appartient de résoudre ce problême, en dévoilant sans doute un horrible mystère. Elle sonne enfin l'heure fatale où le trône doit s'écrouler avec fracas et écraser dans sa chute la nation entière. Louis ne peut douter qu'il sera consommé le plus abominable des crimes dont des sujets puissent se rendre coupables. Il veut en épargner l'opprobre à un peuple qu'il n'a cessé d'aimer. Il choisit pour retraite l'assemblée même de ses représentans; il s'y montre entouré de son auguste et malheureuse fa-

____

(1) Le 10 août.

mille ; mais sa présence ne tarde pas à devenir importune. Bientôt il est forcé de quitter le fauteuil dans lequel on lui avait à peine permis de s'asseoir. Une affreuse prison doit être son dernier asile (1).

Non moins héroïque sans doute que Régulus retournant à Carthage, Louis attendit à Paris la mort qu'il savait lui être réservée. O vous, qui n'êtes grands que par le faste qui vous environne, osez pénétrer dans la tour du Temple, vous y puiserez des leçons de véritable grandeur ! Louis est captif ; mais son front n'en brille pas moins de tout l'éclat de la majesté royale : il n'a plus de grâces à accorder, de faveurs à donner, de bienfaits à répandre ; c'est ce qui manque à son cœur (2).

La tendresse de son épouse, les caresses de ses enfans, l'amitié d'une sœur chérie adoucissaient sa captivité. Les heures partagées entre ses devoirs, ses affections, l'étude et

---

(1) Cléry s'attristait sur le sort de Louis XVI ; le Roi dit à ce fidèle serviteur : *Je ne suis qu'un homme qui souffre, le Monarque est absent.* (Historique.)

(2) Les commissaires de la commune, chargés de veiller à la police du Temple, se disaient entre eux : *Louis n'a rien de commun avec nous. Je n'y comprends rien ; il faut croire qu'un Roi est plus qu'un autre homme.* (Historique.)

l'éducation de son fils (1) s'écoulaient moins péniblement. Pourquoi donc ôter à Louis ces consolations si naturelles, si légitimes ?

Emules d'Apelle, prenez vos pinceaux et peignez Louis à la barre de la Convention; il est plus grand encore que le guerrier mourant pour sa patrie : qu'il s'y montre les cheveux en désordre et la barbe longue telle que la portaient nos anciens Rois (2) ses illustres aïeux; exprimez d'un côté l'assurance, l'intrépidité du Monarque accusé; de l'autre, l'embarras, la timidité du sujet qui l'interroge; remplissez les tribunes d'une foule stipendiée pour blasphêmer; et, par une merveille de l'art, que le respect perce à travers la haine inspirée, qu'elle bénisse au lieu de maudire.

Louis pouvait-il espérer de convaincre de son innocence des juges qui, son arrêt de

---

(1) Louis XVI disait à son fils : Le Roi et le peuple ne faisant qu'un, le peuple ne peut souffrir que le Roi ne s'en ressente. Souvenez-vous, mon fils, que les Rois sont comme des arbres élevés, toujours agités par les vents; ils sont souvent battus par la tempête. (Historique.)

(2) On avait ôté à Louis XVI ses rasoirs, etc. La première fois que ce Prince parut à la convention, il avait les cheveux épars, la barbe très-longue. Cela fit un effet inconcevable. (Historique.)

mort à la main, n'avaient voulu le revoir que pour l'insulter, n'avaient consenti à l'entendre que pour le braver? Depuis long-temps sa grande âme était préparée, était résignée à la fin que lui destinaient des sujets révoltés, devenus ses accusateurs et ses juges. Pour lui l'ordre de mourir est une faveur du ciel; il le regarde comme l'expression de la volonté même du Très-Haut, comme le terme des chagrins et des maux auxquels depuis trois ans il n'a cessé d'être en proie (1). Il embrasse, il console sa famille; il dresse un autel et incline sa tête majestueuse devant le Dieu de ses pères. (On dit qu'alors il se passa dans sa personne quelque chose de visiblement surnaturel à l'homme (2).) *Peuple ! je souhaite que mon sang puisse cimenter le bonheur des Français.*........ Telles sont les dernières paroles de Louis...... L'affreux signal est donné...... La hache sacrilége...... C'en

---

(1) Un jour que Madame Elisabeth cherchait à consoler Louis XVI, il lui répondit : Mes ennemis, malgré mon peu de mérite, veulent me donner de la célébrité. Pour valoir quelque chose, j'avais besoin de mes malheurs, et, grâce au ciel, on ne m'en laisse pas manquer. (Historique.)

(2) Historique.

est fait........ Louis n'a plus rien à craindre de l'ingratitude, de l'injustice ni de la cruauté des hommes.

Louis a vécu; son âme s'est élancée dans le sein de la Divinité. Louis XVI partage le bonheur et la gloire de Louis IX, dont il eut la piété, dont il pratiqua les vertus. Mais tandis que son front resplendit d'une couronne éternelle, quel est le sort des sujets du meilleur des Rois? disons mieux, quel est le sort des enfans du meilleur des pères? Jusqu'au dernier moment, la France n'avait pu se persuader que ses mandataires la souilleraient du plus grand des crimes, de l'épouvantable parricide; elle n'en acquiert de certitude que lorsqu'elle se sent foudroyée du coup qui a frappé son Roi. La terreur étouffe les sanglots, tarit les larmes, comprime les soupirs; mais le deuil est répandu sur tous les visages: tout est muet au dehors; mais les cœurs sont déchirés, l'ordre social est troublé; à la fois on se cherche et l'on s'évite; les amis craignent de se rencontrer; les parens renoncent à la douce habitude de se voir; réciproquement les maîtres et les serviteurs s'observent avec inquiétude.

Braves guerriers! quelle fut votre indignation, quand vous apprîtes le meurtre de votre

Roi ! Il ne sortira jamais de ma mémoire l'instant où la Sambre a frémi de cette affreuse nouvelle ; la stupeur avait glacé les héros de Jemmapes ; j'ai vu ces généreux enfans de la patrie se reprocher leur valeur, je les ai entendu maudire leurs victoires.

O vous qui affectez de ne regarder les Rois que comme des hommes ordinaires, réfléchissez sur les maux qu'entraîne après soi la rébellion. Tant que nous avons été sujets fidèles, ou plutôt enfans dociles, nous avons nagé dans un océan de prospérité. Avons-nous oublié nos devoirs les plus sacrés, nous sommes-nous jetés dans la tourmente révolutionnaire ? les haines nous ont divisés ; la famine nous a exténués ; notre sang a coulé par torrens ; les places publiques en ont été inondées, les fleuves er ont été teints ; à l'ignominieuse tyrannie de la multitude a succédé le despotisme le plus insolent. La Seine, en alarmes, a vu camper sur ses rives des soldats accourus des bords du Wolga, de la Sprée et du Danube.

Ah ! revenons à des sentimens qui toujours auraient dû nous animer ; versons des larmes de repentir sur la tombe d'un prince magnanime, pieux, intrépide, généreux et sensible...... Qui pourrait se refuser à couvrir de fleurs le cercueil d'un fils respectueux, d'un époux tendre, d'un bon père, d'un ami fidèle et reconnaissant, d'un homme enfin dont la vie entière est une chaîne non interrompue d'actes d'héroïsme, de bienfaisance et de vertu? Prouvons à son auguste successeur que nous sommes dignes du pardon que Louis nous a si généreusement accordé. Ouvrons nos cœurs au Monarque désiré que la Providence a daigné nous rendre.... Tous les genres de gloire et de bonheur........ O France, ô ma patrie ! telles sont les brillantes destinées qu'il te prépare.

FIN.

www.ingramcontent.com/pod-product-compliance
Lightning Source LLC
LaVergne TN
LVHW050109060726
842524LV00003B/1007